T0197482

Para

KAMAYA

*Marie de
abuela*

MARLENE ZAMORA

Para realizar pedidos de este libro, contacte con:
Xlibris
1-844-714-8691
www.Xlibris.com
Orders@Xlibris.com

ISBN: Tapa Blanda   978-1-6698-2323-0
       Libro Electrónico   978-1-6698-2324-7

Información de la imprenta disponible en la última página.

Fecha de revisión: 04/29/2022

Dedicatoria:

For my granddaughter with love.

Contenido

"Para Ti"

Hermosa flor entre
toda la creación,
siendo tu alma multicolor.

Hermosa tu aura resplandeciente
como una bella durmiente.

Hermosa tu vida y tu risa,
arcángel de mi vida.

¡Tus Ojos!

Tus ojos me expresan,
lo que tus palabras
no pueden.

Tu risa me indica
lo que tu mente
retiene.

¡Eres!

Eres hermosa,
eres divina,
eres mi estrella,
la consentida.

La más querida,
la protegida.

¡Tú!

Despiertas y todo lo iluminas,
sonríes y emanas destellos de luz,
me miras y me haces soñar,
volar, pensar,
tú y solo tú.

¡Chiquita!

Eres el mejor regalo
que me ha dado la vida.

Eres mi niña chiquita,
mi consentida.

Eres entre todas, todas,
mi niña bonita,
mi favorita.

¡Mi Sol!

Eres mi sol,
eres mi estrella
y con solo mirar la luna,
te refleja.

¡Te Veo!

Te veo en cada niño,
te veo en cada libro,
te espero como espera el río
te sueño y encuentro alivio.

¡Que Ganas!

Que ganas tengo de verte,
que ganas tengo de abrazarte,
que ganas tengo de cargarte,
que ganas tengo de arrullarte,
que ganas siente tu abuela
de besarte.

Que ganas siente tu abuela
de cuidarte.

¡Chiquilla!

Mi niña bonita,
mi niña adorada,
solo luz reflejas
como si fueras un hada.

Mi niña chiquita,
mi niña anhelada,
solo por ti, tu abuela aclama.

Mi chiquilla,
Mi voz encantada,
solo por ti, abuela no se enfada.

¡Tu Llegaste!

Kamaya Marie tu llegaste a mi vida
cuando menos lo esperaba,
pero más lo necesitaba.

Tu llegaste a nuestras vidas,
como un sol lleno de esperanzas,
como arcoíris pleno de alegrías.

Eres mi primera nieta,
muy querida y esperada,
y doy gracias a Dios
por resplandecer
nuestros días.

No tengo palabras para
agradecer tanta armonía,
tu eres una bendición
en mi vida.

¡Jennie Adorada!

Mi hija madre,
el 6 de marzo te convertiste
en madre, el mismo día
me convertí en abuela.

Juntas las tres comenzamos
una travesía en nuestra
hermosa vida.

Pido a Dios mucha sabiduría
para poderlas guiar y
cuidar todos los días.

Y a ti hija, que Dios te bendiga
por dar a luz a mi nieta adorada,
anhelada y esperada.

¡Otra Navidad!

Otra navidad y estoy aquí,
sola sin ti, sin mí,
ahogada en lágrimas.

Otra navidad que no sé
qué sentir o qué decir,
otra navidad fuera de mí,
porque no estás
cerca de mí.

Espero la próxima navidad,
para estar juntas,
seguro que Dios nos complacerá
siendo felices y volviendo
a revivir la navidad.

"Arreit".

Érase una vez, en una galaxia muy cercana a la tierra nombrada "Arreit", donde existía un rey llamado Elyk, quien vivía con una reina muy querida por todos, de nombre Einnej, quienes procrearon una hija hermosa y sana que nombraron Dhamari.

A través de los años la galaxia evolucionó permitiendo a sus habitantes poder salir con un aire mucho más puro y con un clima casi perfecto para realizar todas las actividades necesarias para la supervivencia como son: la agricultura, la pesca, la caza, la educación y la recreación.

En tiempos pasados cuando los padres del rey gobernaban, no tuvieron la misma suerte, todo se hacía en el interior de esa gigantesca nave, debido a las condiciones climatológicas, las cuales, no eran saludables para los habitantes.

Pero, gracias a la educación recibida por sus antepasados y lo que aprendieron por sí mismos, por su paciencia, dedicación, el rey junto a su familia retomó el control estableciendo buenos y productivos métodos para la supervivencia y prosperidad. Y así transcurrieron los años, en armonía para todos los habitantes de esa no muy lejana galaxia llamada Arreit.

FIN

"El Reino".

Érase una vez, en el reino de Checo-Eslovaquia vivía una familia compuesta por cinco personas: el rey, la reina y tres princesas. Habitaban un castillo hermoso, grande y muy cómodo. Al amanecer la luz del sol entraba a cada habitación, mientras los atardeceres eran sencillamente de ensueño.

El jardín, enorme, lindo y con flores muy variadas. Había rosas, lirios, plantas, árboles y arbustos. Estaba rodeado por una hermosa fuente con estatuas de delfines y sirenas. También tenía luces de colores, encantador.

Un río rodeaba al castillo. Sus aguas muy cristalinas. Fue diseñado por el rey para su esposa e hijas.

Este castillo hermoso y grande se abastecía con su propio molino de agua. Además, contaba con su propio sistema de riego. El rey no escatimó en gastos para diseñarlo confortable para su familia.

La iluminación del castillo era suministrada por paneles solares y molinos de viento.

No solo el rey, la reina y sus hijas vivían cómodos, seguros y protegidos, también ayudaron y colaboraron sus vecinos, los cuales tenían trabajos buenos. Ellos ayudaron al rey en su proyecto de abastecer a todos con electricidad y agua proveniente del castillo.

Era sencillamente como un cuento de hadas. El progreso de ese reino fue tan exitoso que todos los demás reinos y países del planeta tierra lo imitaron por su funcionabilidad.

Era una nueva era donde existía respeto, comunicación, intercambio de ideas, economía, comercio y educación, entre todas las naciones del mundo. Por primera vez en siglos, la tierra, el planeta tierra, vivió en completa armonía para las generaciones futuras.

FIN

Printed in the United States
by Baker & Taylor Publisher Services